Ingrid Schacht

Im frischgemalten Rot des Mohns

Bibliografische Information der
Deutschen Nationalbibliothek:
Die Deutsche Nationalbibliothek verzeichnet diese
Publikation in der Deutschen Nationalbibliografie;
detaillierte bibliografische Daten sind im Internet über
https//dnb.de abrufbar

Ingrid Schacht: Im frischgemalten Rot des Mohns
©2015 Ingrid Schacht
Satz und Covergestaltung: Ingrid Schacht
Coverfoto: ©Fotolia
Herstellung und Verlag:
BoD – Books on Demand, Norderstedt

ISBN 9783734776984

Ingrid Schacht

# Im frischgemalten Rot des Mohns

*Lyrik*

Buch:

In ihren Versen lässt die Autorin ihren Gedanken über das Leben, die Liebe, den Zauber und ewigen Wechsel der Jahreszeiten, die für sie auch die ständigen Veränderungen im Leben von Menschen widerspiegeln, freien Lauf –„... denn kein Winter bleibt. In der Natur, wie auch im Leben."

Weder Vergangenheit noch Zukunft – allein das Jetzt gibt Kraft und kann Flügel verleihen – das will die Autorin in vielen ihrer knappen Verse vermitteln. Denn jeder Tag hat seine eigenen Bilder und sollte mit Achtsamkeit und allen Sinnen gelebt werden ...

Mit Gelassenheit und ohne Sentimentalität gibt sie aber auch ernsteren und melancholischen Reflektionen, wie der Unwägbarkeit und Endlichkeit des Lebens, Raum.

„ ... Und vergiss das Schulterklopfen nicht! Und lächele dich an, und vergiss auch nicht: der Frühling wartet draußen und nicht der nebelgraue Herbst!" Immer wieder singt sie ein Loblied auf den Frühling – Synonym für Aufbruch, neue Farben, Liebe, doch auch heftigste Stürme – auf das Leben halt mit allen seinen Facetten.

# Ich will nicht die Erinnerung

Ich will nicht
die Erinnerung.
Ich will das Jetzt.
Wie sehr
verbindet uns
Erinnerung?

Doch nur das Jetzt
verleiht mir Flügel
für den Flug mit dir.
Und nur im Jetzt
kann ich erspüren
wie deine Seele
atmet.

## Diesmal

Da bist du wieder,
der du mir
im Lande meiner Träume
so oft begegnet bist.

Da bist du wieder.
Diesmal nicht
im Lande meiner Träume.
Und Rosen unsres Glücks
zerdrückt
in deinen
und in meinen Armen.

Da bist du wieder.
Doch wann, Geliebter,
gehst du wieder
hinaus aus unserem Tag
und in die Nacht?

## Unzerreißlich

Ich möchte nicht
dir nur im Schlaf begegnen.
Nicht nur
im Schlaf, Geliebter.

Ich möchte,
dass der Tag
ein Band uns webt
das uns verbindet.

Unzerreißlich,
nicht vom Schlaf
gesponnen,
sondern vom hellwachen,
freuderfüllten Tag.

## Wann

Wir tanzten durch die Nacht
im Silberlicht des Mondes,
nicht ahnend,
dass sehr bald
der Mond nicht mehr
die Nacht erhellen würde.

Der Silbermond –
er schien mit einem Mal
an andren Orten,
erhellte nicht mehr
unsern engumschlung'nen Tanz.

Wann endlich
scheint der Mond uns wieder,
um unsern Tanz
zu hüllen in sein Licht?
Wann endlich hören wir
die Klänge der Vergangenheit
und retten sie hinüber
in das Jetzt?

## Nur die Wege

Hand in Hand
und Seele in Seele –
so fühl' ich
mich geborgen
und warm
in deinen Armen.

Auch wenn vielleicht
dein Wort
mir morgen sagen wird,
dass unser Weg sich trennt,
so weiß ich doch:

es sind nur unsre Wege,
nicht aber unsre Seelen,
die getrennte Wege geh'n!

# Ein Jahr und einen Tag

Deine Umarmung, Geliebter,
ich zehre davon
ein Jahr und einen Tag.

Deine Küsse, Geliebter,
spüre ich
ein Jahr und einen Tag.

Deine Worte
beflügeln mich
ein Jahr und einen Tag.

Wann aber
ist das Jahr vergangen,
und es bleibt nur noch
ein Tag,
bis wir uns wiederseh'n?

# Und doch

Es war nicht deine Absicht
meiner Sehnsucht
Flügel zu verleihen.
Und doch
warst du so froh,
mit mir den Flug zu wagen.

Und wir hofften sehr,
nicht unsanft
und mit Schrammen
an Leib und Seele,
die Erde wieder zu betreten.

Hat meine Hoffnung
mich betrogen?
War die Gefahr,
unsanft zu landen,
doch zu groß für dich?

# An diesem und an jenem Meer

Ich stand an diesem Meer
und du an jenem.
Und doch
verband ein unsichtbarer Strom
dein Herz und Sehnen
mit dem meinen.

Ich stand an diesem Meer
und du an jenem.
Und doch
verwob ein unsichtbares Band
dein fernes Du
mit meinem Ich.

Und lächelnd konnte ich
dem neuen Jahr
entgegenseh'n.

# Die ganze Nacht

Gib mir den Traum,
den Traum mit dir,
in dem wir tanzten
auf dem Regenbogen.

Gib mir den Traum,
den Traum mit dir,
und frag nicht,
ob der Regenbogen
uns trägt auch in der Nacht.

Er wird vergehen,
wenn der Morgen kommt.
Vertrieben
von dem Blau des Himmels.
Denn die Sonne
erlaubt ihm nicht, zu bleiben.

Und sie wird es auch nicht
dir erlauben!
Drum lass mir meinen Traum.
Den Traum mit dir.

# Ich weiß

Ich weiß –
du willst das Ja.

Doch was bleibt mir andres
als das Nein,
hineinzuwerfen
in den Traum,
der dir und mir
vorgaukelt
er könne
sich verwandeln
und sei wahr.

Ich weiß –
du willst das Ja.
Doch was bleibt mir andres
als das Nein!

# Diese Zauberformel

So heiter, leicht,
mit zwinkern in den Augen
wie die Tage
unsrer jungen Liebe -

so heiter, leicht,
mit Zwinkern in den Augen
standst du vor mir –
nach Jahren, Tagen,
Augenblicken,
die das Leben uns entriss.

Wer hatte
diese Zauberformel,
die verschwinden ließ
die hohe Zahl
gelebter Jahre?

Hast du sie mitgebracht –
in tiefer Seele wissend,
dass wir sie wohl
brauchen würden?

## Schon erstaunlich

Schon erstaunlich
was Seelen so verbinden kann,
dass selbst tausend Meilen
die bunten Bänder
nicht zerreißen können ...

Und manchmal flattern sie
im Wind.
Und manchmal
droht der Sturm
sie zu zerreißen ...

Doch haben sie gehalten,
diese bunten Bänder,
zu fest war'n sie gewebt,
dass selbst tausend Meilen,
und über tausend Tage
sie nicht zerreißen konnten.

Schon erstaunlich ...
was Seelen so verbinden kann ...

# Wegfahrgeräusche

Du fährst.
Ich bleib' zurück.
Dein Auto,
in dem du wegfährst,
macht ein hässliches Geräusch.

Ich wollte,
dass du fährst.
Und doch, in tiefer Seele
und zur gleichen Zeit,
hab' ich gehofft,
du bleibst.

Dein Auto
macht beim Wegfahr'n
ein so hässliches Geräusch.

Und ab morgen
gilt dein Lächeln
nicht mehr mir allein ...

## Solange

Noch ist es Sommer,
doch schon ein einz'ger kühler Tag
lässt mich erschauern
in der Ahnung,
dass kein Sommer
ewig dauern kann.

Doch wenn dann morgen
die Sonne wieder
Herz und Seele wärmt,
will ich dem Sommer glauben,
dass er bleiben wird.

Solange,
bis ich des Winters
kalten Wind
willkommen heißen kann.

# Und dann ...

Auch wenn
der kalte Hauch
des Winters spüren lässt:
die Sonne wärmt nicht mehr,
lässt Blumen
nicht mehr leuchten
in strahlend hellem Licht,
bannt Lächeln
aus Gesicht und Seele –

so weiß ich doch:
Das Warten lohnt sich
auf des Frühlings
lichterfüllten Glanz.

Und dann
werd ich's den Blumen gleichtun,
mich öffnen – so wie sie.
Und der neuen Sonne
biet' ich dann
ein strahlendes Gesicht.

# Melancholie

Farbe: Grau.
Himmel: schwer.
Wolken tief
über dem Berg.

Melancholie.
Himmel: grau.
Herz schwer
in meiner Brust.

Wann aber,
Freude,
frühlingsbunte,
kehrst du
zurück?

# Ahnung

Verdorrte Disteln
zwischen Halmen
von frühlingsgrünem
Gras.

Mir ahnt –
der Frühling
kann nicht weit sein.
Obwohl
der kalte Sturm
das Lied vom Winter
weitersingen will.

Und schon
heb' ich den Kopf
zur Dreiecksformation
der Kraniche.
Sie singen
ein ganz andres Lied
als eben noch
der Sturm.

# Hinterm Horizont

Noch
fegt der Sturm
das letzte dürre Blatt
von Baum und Strauch.

Doch:
hinterm Horizont
zieht schon
der laue Wind
des Frühlings auf
und tönt
den Himmel blau.

Bald bringt
der erste Kranichzug
den Winter zur Räson!

# Frühlingserwachen

Erster!
Den ersten Zitronenfalter,
den ersten Kranichzug
hab' ich geseh'n,
an diesem ersten Frühlingstag.

Und zum ersten Mal
in diesem Jahr
kann ich ein Lächeln sehen
auf dem Gesicht der anderen.

Den Zitronenfalter,
den Kranichzug
hoch oben in der lauen Luft –
sah'n sie ihn auch?

Denken sie auch,
dass sie die ersten sind,
die das Taumeln des Falters
über frühlingsbunte Blüten
mit so großer Freude sahen?

# Sommerbild

Windflüchter -
weit, weit hinten
am Horizont.

Nasser Sand,
bernsteingeschmückt.
Wind um die Nase.

Möwengekreisch,
Rauschen des Meers
in meinem Ohr

So mag ich ihn -
meinen Sommer
am sonnengewärmten Meer!

# Abendzauber

Die Abendsonne
malt nicht nur in Gold.
Nein, diesmal
ist's ein Silberstreifen,
den die Sonne
mit einem einz'gen Pinselstrich,
auf's Wasser zaubert.

Ist das
„der Silberstreif am Horizont",
der mir zeigen soll:
So dunkel,
wie das Jahr begann,
wird es nicht enden?

Ich will es
jetzt mal glauben.

# Vielleicht

Festhalten!
Schreit die Stimme
mir ins Ohr.

Festhalten!
Halt ihn fest,
den Sommer.
Der Winter
kann noch etwas warten.

Loslassen,
sagt die Stimme der Vernunft.
Flüstert.
Sagt es leis':

Lass ihn los – den Sommer.
Denn nur dann
kannst du gelassen
dem rauhen Wind des Winters
begegnen, um – vielleicht -
sein Freund
zu werden?

# Step by Step

Einen Sieg errungen
hast du,
als du, mühsam,
step by step,
den Berg „besiegtest".

War das ein Test?
Herauszufinden,
ob der Berg
als Synonym taugt
für dein Leben?

Noch schaff' ich es -
den Berg -
und auch mein Leben!
Wie lange noch?

Doch daran -
will ich jetzt nicht denken!
Die Antwort verschieb' ich mal
auf morgen ...

# Lichtblicke

Von Wind
und Sonne
und Wolken
blankgeputztes Land.

Unendliche,
lichtdurchflutete
Weite.
Weiße Schiffe
am Horizont.
Honigfarbener Sand,
grün-blau-silbriges Meer.

Und schon zieht
der erste Kranichzug
unüberhörbar
in sonnige Ferne.

Welch großer Maler
hat mir dieses Bild
gemalt?

## So oder so?

Von milder Abendsonne
beschienen.
Von keinem Sturm
gepeitscht.

So liegt es da,
„mein Meer".

Manchmal
hätt' ich mein Leben
so gewünscht:
von keinem Sturm
gepeitscht …

Immer nur sanft?
Oder
mit aufgetürmten Wellen,
Bergen
von Wasser und von Schaum?

Ich glaube eher -
die Mischung macht's!

## Kein leichter Abschied

Halber Mond
am morgenroten Himmel
über'm noch
nachtdunklen Wald.

Will die Nacht
sich eigentlich
noch nicht verabschieden
vom gerade eben
begonnenen Tag?

Doch die Amsel
zwitschert schon
ihren Willkommensgruß
an den flamingofarben
gemalten Morgen!

## Drama pur

Ganz schön dramatisch –
die Abendsonne,
wenn sie
den Horizont einfärbt.

Sie begnügt sich nicht mit Silber,
nein – sie wählt pures Gold,
bevor sie – Drama pur!
den hinteren Rand des Meeres
und den Tag verlässt,
königlich gekleidet
in Rot und Gold.

Hab' ich dir,
lichterfüllter Tag,
schon meinen Dank gesagt
für alles,
was du mir geschenkt hast,
seit meine nackten Füsse
den muschelscharfen Sand
berührten?

## Cornwall my love

Hab ich dir schon gesagt,
wie gerne ich mit dir
in diesem stillen Kreis
von hohen Steinen,
gestanden hätte,
die schon zu Urzeiten
dort errichtet waren
auf Cornwalls sagenhaftem Moor?

Und wie gerne ich mit dir
auf diesen steilen Klippen
gestanden hatte,
gebannt von König Arthurs
und Tintagels heil'gen Hallen?

Doch in dieses Land
kannst du mit mir
nicht reisen.
Sagtest du ...
Dem Land ist das egal!

Mir nicht!

# Nachtgeheimnisse

Da stehst du wieder
in silberfarbener Stille
am tief nachtdunklen
Firmament.

Dein Geheimnis
ist längst gelüftet,
wie mir scheint!

Und doch sieht es so aus,
als könne niemand
dein allerletztes
ganz enthüllen ...

Du stiller Herrscher
über ein milliardenfaches
Sternenheer!

Ich jedenfalls
kann dir ganz gut
dein Mondgeheimnis
lassen!

# Für Axel

Dein Lächeln
seh' ich,
über jeder
von der Abendsonne
goldgetönten Wolke.

Deine Fragen
hör ich, wenn der Tag
sich neigt
und der Abend
seine Schatten wirft.

Die Antworten dazu
will ich so gerne
dir geben,
doch ich weiß nicht:
kannst du sie
auch hören?

Ja, sagtest du.
Und es geht mir gut.

## Damals

Damals wusste ich noch nicht,
dass dein Name
Rumpelstilzchen ist.

Damals dachte ich,
du seist jemand
von einem andren Stern.

Damals glaubte ich zu seh'n,
wie du siehst,
glaubte ich zu spüren,
wie du spürst.
Und der Himmel war für mich
von deinem Blau.

Heute möchte ich so sehen
wie ich sehe.
So spüren, wie ich spüre.
Und der Himmel
soll auch etwas haben
von meinem Blau!

# Überlegungen

Soll ich lieber
einen kleinen Tod sterben,
wenn du gehst,
nur weil du glaubst,
unsere Liebe könnte sonst
Schrammen bekommen,
wenn du nicht gehst?

Oder ich könnte
dir zuviel nehmen,
wenn du bleibst?

Es ist schwerer
aus einem kleinen Tod
zu erwachen,
als Schrammen heilen.

Ich helfe dir,
dass unsere Liebe
keinen kleinen Tod
erleidet.

# Für dich

Für dich
ist es eine Totsünde,
auf dem Haltestreifen
zu parken.

Für dich
ist es eine Totsünde,
so zu sein wie die anderen.

Für dich
ist es eine Totsünde,
die Tarnkappe
nicht aufzuhaben.

Darf ich mir
meine Totsünden
selbst aussuchen?

Für U.

# Reflektion

Es gab eine Zeit,
da dachte ich,
dass deine Träume
auch meine seien.

Heute weiß ich,
dass es besser ist
die eigenen Träume
selbst zu träumen

## Zu teuer

Wie teuer
ist Hoffnung
Für Hoffnung
die Seele
verkaufen?
Vergangenheit
und Zukunft
vergessen?

Hoffnung
ist teuer.
Zu teuer,
die Seele
zu verkaufen
für ein
bisschen
Gegenwart.

# Enttarnung

Mit deinen Worten
streust du gern
Verwirrung in den Raum …

Doch täusch' dich nicht –
du magst zwar oft
ein Wortjonglierer sein.
Doch trotz aller Wortgefechte
vermag ich immer
deine Seele zu erkennen.

Die Tarnung also
hilft dir nicht. Ich weiß von dir.
Denn: …„Mütter
bleiben es wohl immer.
Ein Leben lang.
Können nichts dagegen tun …" –
hast du gesagt.

Kennen Mütter
ihre Söhne besser
als sie sich selbst?

# Warum?

„Im Grunde genommen
bist du
nicht in der Lage ..."
sagtest du
so oft zu ihm.

Und, beendet, heißt
der Satz dann wie?
Zum Leben?
Zum Denken?
So wie du?

Warum nur
durfte er
nicht anders sein
als du?

                    Für D.

# Frage ohne Antwort

Was wolltest
Du mir sagen,
als du ihn
mir nahmst?

Bei mir
und in der Ewigkeit
ist er um soviel besser
aufgehoben
als bei dir?

Wann endlich
gibst du mir Antwort
auf meine Frage,
die in meinem Herz steckt
wie ein Splitter?

Doch ich sehe die für ihn
gepflanzten Blumen,
und ich weiß,
die Antwort bekomme ich
nicht jetzt …

# Denn nur im Jetzt

Sinnlos –
die Zahl der Jahre
zu zählen,
die du
hinter dich gebracht hast.

Sinnlos auch,
die Anzahl all der Jahre
zu zählen,
die noch
vor dir liegen mögen.

Ich will lieber
meine Seele
beschäftigen mit dem
JETZT!

Denn nur im Jetzt
wachsen mir die Flügel,
die meine Seele
fliegen lassen …

# Traumtanz?

Bin ich
ein Traumtänzer,
nur weil ich
meinen Träumen glaube,
die mir bei Nacht
einflüstern,
wo es langgeht
im Labyrinth des Lebens?

Nein! Ich denke
auf meine Träume ist Verlass!

Kann ich mich aber
auch verlassen
auf das, was mein Verstand
mir weismacht,
wenn ich zweifele?

Ich will lieber den Träumen zuhör'n,
die mir sagen:
Nächste Wegbiegung:
Bitte  rechts!

# Plötzlich

Plötzlich
berührte mich
eine eisige Hand.

Obwohl –
es blühten Blumen
überall.

Wieso
war die Hand
so kalt?
Obwohl
der Winter doch
gegangen war …

Es brauchte lange
um meinen Körper
und meine Seele
wieder
zu erwärmen.

# Wohlverdient

Worte höre ich
wie „wohlverdient" und
„Lebenswerk",
„Abschied" klingt auch noch
dunkel
an mein Ohr …

Meinen die
mich?
Das kann nicht sein,
flüsterte mir
die Stimme in mein Ohr.

Oh ja – es ist so,
sagte mir mein Spiegel
am Morgen
nach meiner
„Verabschiedung".

Du hast doch aber
noch so viel vor!
Sagt mein Verstand.

# Berechtigte Frage

Wenn es also
wahr ist,
dass mein Verstand
gewachsen ist
im Laufe
meines wunderlichen,
langen Lebens.

Und ich *jetzt*
zu unterscheiden weiß
zwischen
der Gaukelei
von eitlen Träumen
und dem,
was mir mein Tag
knallhart
so an den Kopf wirft ...

Warum dann
fängt das Leben
nicht - von hinten an?

## So einfach?

„Eine Rose
        ist eine Rose
                ist eine Rose."

Mein Leben
        ist mein Leben
                ist mein Leben.

Warum nur
stell' ich dann
beides
so oft in Frage?

„Et iss, wie et iss,
un et kütt, wie et kütt",
sagt der Kölner.

So
        einfach
                ist das?

So einfach ist das!

# Klares „Ja"

Herbst meines Lebens?
Oder doch schon Winter?
Ich hab' doch
gerade eben noch
geträumt,
es wäre Frühling ...

Träum' weiter!
Sagt mir meine Seele.
Hör auf zu träumen,
sagt mir mein Verstand.

Doch - wenn ich
zu träumen aufhöre
und nur noch
dem Verstand
das Wort erteile -

höre ich dann nicht auf
zu leben?
Die Antwort ist:
Ein klares „Ja".

# Schade!

Schade,
dass der schmale Streifen
flamingofarbener Abendröte
so schnell
der Nacht weicht
über'm abenddunklen Wald.

Will er mir zeigen,
dass ich noch schnell,
Pinsel und Farbe
zur Hand nehmen soll,
um ihn festzuhalten
auf dem Papier?

So wie ich auch nur
die rosigen Farben
des Lebens festhalten soll
in meiner Erinnerung?

Ob das -
eine so gute Idee ist?

## Keine Sorge ...

Auf harten Granit
stoße ich nur,
wenn ich mich
auf die Suche mache
nach dem weichen Kern
in dir!

Keine Sorge -
Ich find' ihn schon!
Ich weiß nur nicht,
wie lange
es dauern wird.

Und ich weiß auch nicht,
ob ich solange noch
Zeit haben werde ...

# Entschleunigung!

Stop! Schon wieder
Ein Jahr rum
aus der Anzahl
der gelebten Jahre.

Stop! Hat mich mal
jemand gefragt,
ob ich Schritt halten kann
mit diesem viel zu schnellen
Lauftempo?

Entschleunigung bitte!
Das geht mir jetzt alles
viel zu schnell!

## Aufbruch

„Mach dich auf den Weg!" -
Die Botschaft hör' ich wohl,
doch welchen Weg
soll ich jetzt gehen,
und wohin
wird er mich führen,
wenn ich ihn gefunden hab'?

Einfach mal losgeh'n,
die Richtung
wird sich zeigen?
Ich brauch' jetzt dringend
ein GPS, das mir sagen kann,
wo's lang geh'n wird
im Labyrinth des Lebens.

Vertrauen ins Leben -
wäre das
die andere Möglichkeit?
Ich wag' es mal!
Ich geh' jetzt einfach los ...!

## Loslassen

Der bunte Ballon -
er trug dich
hinauf in blaue Höhen.

Ich sah
das Strahlen in deinen Augen,
als ich die Schnur
zerschnitt,
die dich festhielt
in meinen Händen.

Jetzt bin ich frei,
hört ich dich sagen.
Und mein Herz zersprang,
weil ich
dich gehen lassen musste,

und fliegen lassen
in dieses
unendlich ferne Blau.

# Gesprungen

Ganz deutlich
hab' ich es bemerkt:
Mit feinem Klang
ist eine Saite meines Herzens
gesprungen
vor unfassbarer Freude
über diese Melodie
des neugeschaffnen
Klangs des Frühlings.

Kaum aushalten
kann auch mein Auge
die tausend Grüns
der frühlingsfrischen Bäume
und der jungen Gräser.

Ich will sie so laut singen -
die Melodie des Frühlings,
dass auch noch
die andre Saite springt,
wenn ich barfuß tanze
im Morgentau der Wiesen.

## Immer noch

Es ist immer noch,
als sei es
gerade gewesen,
als deine Seele
Abschied nahm
von mir.

Du wusstest:
Du würdest gehen,
und ich
würde dich nicht
begleiten können.

Du wusstest,
doch ich wusste es
noch nicht.

Obwohl -
auch ohne Worte -
die Sprache,
die du sprachst,
war deutlich.

# Manchmal

Manchmal,
wenn ich die Blumen
und die Sterne sehe,
das Meer
in seinem blauen
Glitzerschein ...

bin ich erschrocken.

Weil ich nicht weiß,
ob ich die Freude,
die mich ganz erfüllt
für die Momente reinen Glücks,
auch ohne dich
erspüren darf.

Denn dieses Meer,
das du so sehr geliebt,
benetzt nur meine Füße,
nicht mehr deine.
Und du stehst jetzt
nicht mehr neben mir.

# Malkunst

Unfassbar,
dass der Maler deines Lebens
das Jadegrün in deinen Augen
nicht verblassen ließ
in all den Jahren,
in denen
wir uns nicht begegneten.

Er färbte wohl
dein Haar jetzt silberweiß -
Der Farbkontrast
von Haar und Augen
zeigt: der Maler ist
ein Künstler!

Und auch
das Lachen in deinen Augen
ist geblieben.
Die Lachfältchen aber jetzt
ein wenig tiefer?

# Ratschlag

Ganz schön mutig!
sag ich mir jeden Morgen,
wenn mein
Spiegelbild mich anschaut
und mir rät:
Beginn den Tag!

Ganz schön mutig,
sag ich mir jeden Morgen,
und - vergiss
das Schulterklopfen nicht!

Und lächele dich an,
und vergiss auch nicht:
der Frühling wartet draußen,
und nicht der nebelgraue Herbst!

Der Frühling, der
mit allen seinen Knospen
beginnen will,
wie dieser
noch so junge Tag.

# Zu heiß, zu kalt

Im Sommer meines Lebens
war es manchmal
zu heiß.

Im Winter meines Lebens
war es manchmal
zu kalt.

Der Herbst
erinnerte mich stets
daran, dass bald
des Winters kalter Hauch
mich frieren lassen würde.

Doch im Frühling
war ich stets so froh.
Und heiter
sang ich mit dir
dann all die Lieder,
die den Gesang der Vögel
noch übertönen konnten.

# Taube Ohren

Zick-Zack-Kurs!
Rauf und runter.
Vor und zurück.

In schwindelerregende
Höhen,
in abgrundtiefe
Täler.

Stop!
Ich bin nicht
schwindelfrei!

Doch ich vermute mal,
mein Leben
ist auf diesem Ohr
wohl taub?

# Gerade noch

Eben noch
umwehte der sanfte,
frühlinglaue Wind
die in hellem Grün
gemalte Birke.

Schon biegt
ein rauher Sturm
die zarten Äste
des noch jungen Baums.

Gerade noch
erstrahlte er
im gleißend-hellen Licht
der Frühlingssonne.

Doch schon löscht
ein drohend grauer Himmel
die Lichter aus.
Gleichen die Launen der Natur
wohl denen
meines Lebens?

# Hoffnung

So oft verloren.
Wiedergefunden.
Dran festgehalten.
Und doch wieder
verloren gegangen.

Und doch! Da sind
ein neuer Frühling.
Ein neues Lächeln.
Das Funkeln
in deinen Augen -

Wie schnell
lässt Hoffnung
sich doch wiederfinden!

Auch wenn ich weiß:
Der Winter
kommt bestimmt …
Und du wirst dann
gegangen sein.

## Endlich einmal

Bahnhöfe –
Synonyme für
Abschied,
Aufbruch,
Hektik.

Doch auch für:
Ankommen
an dem Ort,
den ich bisher
nicht kannte.

Stationen,
die mein Leben
wieder einmal
unterbrechen.

Endlich einmal
ankommen.
Für immer?
Vielleicht -
bei mir?

# Egal

Die selbstgeschaffene Idylle
Aus Rosen, Vergissmeinnicht
und Akelei -
steht sie für die Idylle,
die mein Leben
vielleicht
bisher nicht aufwies?

Doch all die Blumen,
gepflanzt in meinen Garten -
sie zeigen mir:
das hier - *ist* Harmonie -
die sich stets
wie Balsam
über meine Seele legt.

Idylle - Harmonie -
im Leben, oder „nur" im Garten ...
Ist das letztendlich
nicht egal?

# Stop

Zu oft hab' ich
die Stimme ignoriert,
die mir stets sagte:
Stop! Hier solltest du
nicht weitergeh'n!

Und immer wieder
wollt ich diesem Hinz,
und auch dem Kunz,
gefallen mit meinen
sogenannten
„lieben Worten".

Doch von jetzt an
will ich lieber
auf die Stimme hören,
die mich warnt.
Von jetzt an
müssen Hinz und Kunz
noch etwas warten
auf manche meiner
„lieben Worte".

# Gutgemeint

Bonbonfarbene Tröstung –
„Die Zeit heilt Wunden!"
Gutgemeint!

die Narben aber
schmerzen noch …

Doch weiß ich:
Bonbons sind süß.
Doch Medizin ist
eher bitter,
wenn sie helfen soll.

Ich weiß: du meinst es gut!
Bonbons *sind* süß.
Und sie können -
tatsächlich! -
manchmal trösten …

# Bitte

Beredte Stille.
Die Antwort
kommt nicht
von dir.

Fallen dir Worte
immer dann
so schwer,
wenn du eigentlich
nur sagen willst:
„Jetzt nicht"?

Oder: „Es gibt da
ein Problem"?

Dann sag es doch.
Bitte.

# Zeit der Blumen

Rosen- und lavendelfarbene Zeit.
Du hauchtest mir den Duft der Blumen
in Herz und Seele.

Und wir tanzten
auf einem Blütenteppich,
weiß wie Schnee.

Die Libellen,
pfeilschnelle Botschafter
der Luft,
brachten mir die Worte,
die du - versteckt
in ihren filigranen Flügeln -,
mich wissen lassen wolltest.

Jetzt liegt der Schnee nicht mehr
als Blütenteppich unter unsren Füßen.
Doch mir scheint, als sei
der Duft der Blumen
uns geblieben.
Und deine Worte auch.

# Prophezeiung

Dann war es Winter.
Und Schnee und Eis
erfüllten
Herz und Körper.

So machte ich mich auf
zu dem Palast der Schneekönigin,
um sie zu fragen,
wann sie es wieder
Sommer werden ließe.

Diesmal, sagte sie,
wird der Winter bleiben,
den ganzen Sommer lang ...

Und auch den ganzen Sommer
erfüllten Schnee und Eis –
diesmal nicht meinen Körper -
diesmal fror meine Seele.

Und wurd so schnell nicht
wieder warm.

# Gute Idee

Ein großer Dichter
hat schon einmal
das österliche Treiben
besungen.

„Vom Eise befreit …" -
nicht nur der Bäche
quicklebendiger Lauf!

Was wäre,
wenn auch wir zwei
so munter
und von nichts beschwert
dem Lauf der Bäche
folgten …

vom Frühling
und nichts als dem Frühling
erfüllt?

Das wäre eine gute Idee.
Sagtest du …

# Stille

Kannst du auch
die Stille hören,
wenn wir,
mondumkränzt,
am abendlichen Ufer sitzen?

Kannst du auch
hören,
wie die
Blumen sich schließen,
müde geworden
vom Leuchten durch den Tag?

Kannst du auch
sehen,
wie der Mann im Mond
den Mond bewacht –
die ganze, lange Nacht?

Können wir beide
jetzt die Augen schließen
und einfach nur noch träumen?

## Verheißung

Blatt um Blatt,
in tausendfachem Grün,
seh ich die Birke
vor meinem Fenster steh'n.

Und jedes Jahr
verspricht sie mir
das Gleiche:
„Ich schenke dir
den Sommer!"

Und wenn der Sommer da ist:
„Ich schenke dir den
goldnen Herbst!"

Und auch: „Ich lasse dich
vergessen,
dass irgendwann
der Winter kommt!"

Ich merke: Auf meine Birke
ist Verlass!

# Im Dorf

Sonntags.
Im Dorf.
Kirchenglocken.
Mistgeruch.

Ostern.
Im Dorf.
Knallbunte
Eier.

Rommé.
Canasta.
‚Mensch ärgere
dich nicht'.

Springseilhüpfen.
Bunter Ball.
Sommer.
Im Dorf.

Sommer
meiner Kindheit ...

## Wie schnell

Spuren.
Deine und meine Hand
im Sand.

Wie schnell
verweht der Meereswind
den Zwillingsabdruck
unsrer Hände.
Schade!

## Aprillaunen

Aprilstürme –
wie wütendeHunde
jagen sie
Wolken vor sich her.

Doch bellende Hunde
beißen nicht!
Keine Sorge!

Gleich
scheint die Sonne
wieder!

# Abgehängt

Fünf Waggons -
Abgehängt!
Am Bahnsteig
Ratlosigkeit.

Ich steige ein,
Irgendwo.
Platzreservierung
„nicht mehr gültig",
sagt der Schaffner.

Ich setze mich.
Irgendwohin.
Denn schließlich -
meine Fahrt
ans blaue Meer
verliert nicht
ihre Gültigkeit!

Fünf Waggons abgehängt.
Doch ich komme an ...

# Wunder der Technik

Wenn es wahr ist,
dass Google – fast -
alles weiß …

kann ich dann
nicht eingeben:
„Strickmuster
meines Lebens ändern",

wenn mir mein jetziges
nicht gefällt?
Und mir wird dann
ein besseres angezeigt?

Ob ich da
Google
nicht etwas
überfordere?

Ich könnte es ja
einfach mal probieren …

# Hilfsangebot

Ich könnte mich
für dich
auf die Suche machen
nach deinem
verlorenen Vertrauen.

Ich würde
in jedem Winkel
deiner Vergangenheit,
Gegenwart und Zukunft
suchen.

Solange,
bis ich es
gefunden hätte.

Vielleicht
würde ich es ja
bei mir finden!

Ich würde
es dir schenken!

## Auf der Suche

Mit Sehnsucht
denk ich an die Zeit,
da deine Worte sich
wie Balsam legten
um mein Herz.

Jetzt
gleichen sie mehr
spitzen Steinen,
die wie kleine Dolche
in meiner Seele stecken.

Ich such' noch immer
nach dem Arzt,
der sie
entfernen kann …

# Pfeilschnell

Wie sehr
lieb' ich die Worte,
die versöhnen können.
Worte, die verbinden
was Seelen
voneinander trennt.

Wie sehr
hass' ich die Worte,
die so tief
verletzen können,
dass nie wieder
ein Wort fällt
zwischen dir und mir.

Lass' uns
die Worte hüten.
Erst ausgesprochen,
verfehlen sie,
wie schnelle Pfeile,
nie ihr Ziel.

# Heilsam

Leben -
Blütenkelch.
Schierlingsbecher.
Süßer Honig.
Bittere Medizin.

„Wat mutt, dat mutt!",
sagen die Ostfriesen.

Und so trank ich
die bittere Medizin
und genoss
den süßen Honig.

Beides war heilsam.
Doch nicht immer -
angenehm!
Manchmal zu süß,
und manchmal zu bitter …

# Morgens

Ganz früh am Morgen.
Die Amsel pfeift
ihr virtuoses Lied
im nahen Wald.

Ganz langsam
werd ich wach.
Ein junger Morgen!
Ein neuer Tag!

Ich will noch nicht
an Kriege denken,
die Gruselnachrichten
verkünden Tag für Tag.

Ich will
der Amsel zuhör'n,
die nichts weiß
von Kriegen.

Sie singt einfach nur
ihr Lied …

# Danke

Mit dir zusammen,
meine Freundin,
gibst du mir
das Gefühl,
stets bei mir selber
anzukommen.

Dein Lachen
hilft mir
über manche Schwere,
die sich in Kopf und Seele
breitmacht,
und mein Herz bedrückt.

Du pustest
nebelgraue Wolken
einfach weg,
für die mein eigner Atem
manchmal
nicht ganz reichte.

Für Brigitte

## Ich weiß

Ja, ich weiß!
Es ist schon
der Abend meines Lebens.

Doch die Jalousien
lass ich drum trotzdem
nicht herunter!

Denn die Abendsonne
zaubert
ein goldnes Licht,
malt lustige Kringel
an die Wand.

Sie ist nicht mehr
so hell,
die Abendsonne,
doch sehr viel milder
als noch am Mittag!

## Jetzt

Kleine Hand
in großer Hand.
Unendliches Vertrauen
legt deine kleine Hand
in meine große Hand.

Jetzt
hält deine eigne
große Hand
die kleine Hand.

Du spürst sie
wie ein Vögelchen
in seinem
sicheren Nest …

Das sichere Nest.
In deiner Hand!

# Mondgesicht

Vollmond.
Wie oft hast du uns
unsre Nacht erhellt
und uns nicht schlafen lassen.

Und wie immer
schaust du
ganz unschuldig, doch mit Ernst,
durch's Fenster.

Verstehst nicht,
was Menschen
dir so alles andichten
wenn sie, wieder einmal,
nicht schlafen können.

Den Verdacht jedoch
werd' ich nicht los:
du kennst die Wahrheit,
mein Lieber,
und wir nicht!

# Helle Nacht

Kein noch so
effizientes Teleskop
war nötig, um
in den Sternenhimmel
meiner Kindheit einzutauchen
und davonzufliegen.

Großer Bär und
Kleiner Bär -
Milchstraße -
die Venus und
der Mann im Mond ...

Sie alle halfen mir,
die dunklen Träume
nicht zu träumen.

denn: die Nacht
war sternenhell,
und lichterfüllt
auch meine Kinderträume.

# Naturweisheit

Wieder einmal
atmet die Natur
den neuen Frühling ein.

Sie strömt den Duft
des neuen Lebens aus.

Sie begegnet mir
im neuen Grün.
Im frischgemalten Rot
des Mohns.
Im Geruch der Erde,
die die Pflanzen
neu gebiert.

Und ich lerne,
von neuem,
wie in jedem Jahr:
Kein Winter bleibt.
In der Natur,
wie auch im Leben …

## Nur für mich?

Unglaubliches Rot des Mohns.
Gleißendes Gelb der Rapsfelder
vor meiner Tür.
Farbentrunkene Akeleien.

Kannst du deinen Pinsel nehmen,
und deiner Palette
dieses Rot und Gelb und Bunt
entnehmen, zum Leuchten bringen,
auf der Leinwand - nur für mich?

Damit ich glauben kann,
was meine Sinne gerade
kaum fassen können;
und nicht mehr zweifele,
ob das alles gerade stattfindet -
und fast genau vor meiner Tür?

Noch besser: Wir beide
gehen Hand in Hand
durch dieses Rot und Gelb und Bunt
und vertrauen unseren Sinnen!

# Geschenk

Mich wundert,
dass ich heute
so fröhlich bin.

Wo doch „die allgemeine Lage"
mir nicht wirklich
Anlass dazu gibt …

Doch scheint die Sonne,
die Wolken ziehen,
Wattebäuschen gleich,
dahin am blankgeputzten
Himmel.

Und übrigens:
Du schenktest mir
dein Lächeln heute.

Und das
hat mich gerade heute
so fröhlich gemacht.

# Aufbruch

Aufbrechen.
Mich noch einmal
auf die Reise machen.
zu einem gänzlich
unbekannten Ziel ...

wie lang ich bliebe
an diesem Ort,
wär' mir egal.
Hauptsache,
ich breche auf!

Vielleicht -
Zu dir?

Hauptsache,
ich komme an!

Vielleicht -
Bei dir?

# Worte

Schöne Worte.
Hässliche Worte.
Viele Worte.
Wenige Worte.

Und manchmal
reicht nur
ein einziges Wort,
im richtigen Moment,
im falschen Augenblick.

Um zu trösten,
oder zu verletzen.

Ich wünschte nur,
mir fielen immer
im richtigen Moment
genau die Worte ein,
die dann
die richtigen wären.
Gesagt genau -
im richtigen Moment ...

# Dichterworte

„ ...denn jedem Anfang
wohnt ein Zauber inne ...“ -
wahre Worte
eines großen Dichters ...

Oh ja, mein Freund,
den Anfang haben wir gemacht.
Den Zauber, die Magie gespürt,
der diesem Anfang
innewohnte.

Und ich hoffe jetzt,
wir schaffen es,
den Zauber festzuhalten,
den wir zutiefst
mit Freude und Erstaunen
in unsren Worten
schon erspürten.

Und er stellt erneut sich ein.
Dann, wenn wir uns
begegnen  werden.

# Rollentausch

Mars trifft Venus.
Sagtest du.

Bist du ganz sicher,
dass du Mars bist,
und ich
die Rolle der Venus
übernehmen würde?

Ein Rollentausch,
mein Lieber,
würde mir
auch gut gefallen!

Ich wäre Mars,
und du
die Venus ...

Unsinn, sagtest du.
Rollentausch, sag' ich,
fände ich gut!

## Alternativangebot

Ich wünschte,
du würdest mich
dort oben
in den Wolken
lieben.

Wir wären
weich gebettet,
wie in tausend
Wattebäuschen.

Ich könnte dich doch,
sagtest du,
auch hier unten
auf der Erde
lieben.

Vielleicht -
im grünen Gras?
Im Sand am Meer?
Wo hättest du's
denn gern?

# Noch nicht

Oh nein!
Den so genannten
„Kelch des Lebens"
möchte ich
jetzt noch nicht
leeren.

Schon gar nicht jenen,
der die herbe Medizin
des Abschieds
mir zu trinken anbot.

Ich misch' mir
einen neuen
mit „Nektar und Ambrosius".
Und will ihn ausleeren
in einem Zug.

„Lass dir doch Zeit",
sagst du.
Und lachst.

## Herbstliebe

Die tausend Fältchen
seh ich wohl,
in deinen Augenwinkeln,
wenn du lachst.

Und bin mir meiner eigenen
auch bewusst.

Und jedes Fältchen,
das wir seh'n,
wenn wir uns anschau'n,
erinnert uns an dein
und mein gelebtes Leben.

Ich liebe diese Fältchen,
die ich sehe, wenn du lachst.
Und hoff' jetzt mal,
du hast auch gar nichts
gegen meine?

Nicht, dass ich wüsste,
sagtest du.

# Jahreszeiten

Frühling, Sommer.
Herbst und Winter.
Im Frühling
konnt ich's kaum erwarten,
was mein Leben
mir so offerieren würde.

Der Sommer kam.
Und ich sah
im Lachen meiner Kinder
des Lebens ganze Fülle.

Im Herbst dann
sah ich auch
das Weinen in den Augen
meiner Kinder.
Und weinte mit.

Bald kommt der Winter.
Und ich biete ihm die Stirn.
Ich zieh' mich einfach -
warm an!

# Woanders

Sommer –
wir beide gehen
Hand in Hand
den Fluss entlang.

Nichts scheint die Welt
für uns zu trüben,
hier, am Fluss,
der so friedlich
seinen Lauf nimmt.

Kaum zu glauben,
dass die Welt woanders
ganz anders ist,
als hier bei uns,
am Fluss.

Woanders
gerät die Welt gerade
aus den Fugen.
Doch hier, am Fluss,
ist Frieden ...

# Lebensphilosophie

Lebensabend?
Auch der Abend
hat wunderschöne Farben,
die der Maler meines Lebens
mir gerade malt.

Ruhestand?
Auch in der Ruhe
liegt die Kraft.
Sagt man.

Aus dieser Kraft
will ich noch schöpfen.
Solange,
bis „der da oben"
mir sagen wird:

Komm jetzt!
Es wird Zeit!
Und ich werde
freudig mit ihm geh'n.

# Inhalt: